AF389927

PARIS MARIÉ.

IMPRIMERIE SCHNEIDER ET LANGRAND, RUE D'ERFURTH, 1.

Papeterie d'Essonne.

Philosophie de la vie conjugale.

Par GAVARNI.   Gravé par LAVIEILLE.

PARIS MARIÉ

PHILOSOPHIE DE LA VIE CONJUGALE

PAR

H. DE BALZAC

Commentée par GAVARNI.

PARIS

PUBLIÉ PAR J. HETZEL,

RUE DE RICHELIEU, 76. — RUE DE MÉNARS, 10.

1846

PHILOSOPHIE

DE

LA VIE CONJUGALE

A PARIS.

—

Sommaire.

L'été de la Saint-Martin conjugal. — De quelques péchés capitaux. — De quelques
péchés mignons. — La clef du caractère de toutes les femmes. — Un mari à la
conquête de sa femme. — Les travaux forcés. — Les risettes jaunes. —
Nosographie de la villa. — La misère dans la misère. — Le dix-huit
brumaire des ménages. — L'art d'être victime. — La campagne
de France. — Le solo de corbillard. — Commentaire où l'on
explique la felichitta du finale de tous les opéras,
même de celui du mariage.

1

I

L'ÉTÉ DE LA SAINT-MARTIN CONJUGAL.

Arrivé à une certaine hauteur dans la latitude ou la longitude de l'océan conjugal, il se déclare un petit mal chronique, intermittent, assez semblable à des rages de dent...

Vous m'arrêtez, je le vois, pour me dire : « Comment relève-t-on la hauteur dans cette mer? Quand un mari peut-il se savoir à ce point nautique ; et peut-on en éviter les écueils? »

On se trouve là, comprenez-vous, aussi bien après dix mois de mariage qu'après dix ans : c'est selon la marche du vaisseau, selon sa voilure, selon la mousson, la force des courants, et surtout selon la composition de l'équipage. Eh bien, il y a cet avantage, que les marins n'ont qu'une manière de prendre le point, tandis que les maris en ont mille de trouver le leur.

Exemple : Caroline, votre ex-biche, votre ex-trésor, devenue tout bonnement votre femme, s'appuie beaucoup trop sur votre bras en se promenant sur le boulevard, ou trouve beaucoup plus distingué de ne plus vous donner le bras :

Ou elle voit des hommes plus ou moins jeunes, plus ou moins bien mis, quand autrefois elle ne voyait personne, même quand le boulevard était noir de chapeaux et battu par plus de bottes que de bottines ;

Ou, quand vous rentrez, elle dit : « Ce n'est rien, c'est Monsieur ! » au lieu de : « Ah ! c'est Adolphe ! » qu'elle disait avec un geste, un regard, un accent qui faisaient penser à ceux qui l'admiraient : Enfin, en voilà une heureuse !

Cette exclamation d'une femme implique deux temps : celui pendant lequel elle est sincère, celui pendant lequel elle est hypocrite avec : « Ah ! c'est Adolphe ! » Quand elle dit : « Ce n'est rien, c'est Monsieur ! » elle ne daigne plus jouer la comédie ;

Ou, si vous revenez un peu tard (onze heures, minuit), elle… ronfle ! ! odieux indice !…

Ou elle met ses bas devant vous. . (Ceci n'arrive qu'une seule fois dans la vie conjugale d'une lady ; le lendemain, elle part pour le continent avec un *captain* quelconque, et ne pense plus à mettre ses bas) ;

Ou… Mais, restons-en là.

Ceci s'adresse à des marins ou maris familiarisés avec la connaissance des temps.

Eh bien, sous cette ligne voisine d'un signe tropical sur le nom duquel le bon goût interdit de faire une plaisanterie vulgaire et indigne de ce spirituel ouvrage, il se déclare une horrible petite misère, ingénieusement appelée le Taon Conjugal, de tous les cousins, moustiques, taracanes, puces et scorpions, le plus impatientant, en ce qu'aucune moustiquaire n'a pu être inventée pour s'en préserver. Le taon ne pique pas sur-le-champ, il commence à tintinnuler à vos oreilles, et *vous ne savez pas encore ce que c'est*. Ainsi, à propos de rien, de l'air

Madame Caroline.

le plus naturel du monde, Caroline dit : « Madame Deschars avait une bien belle robe hier... — Elle a du goût, répond Adolphe. — C'est son mari qui la lui a donnée, réplique Caroline. — Ah ! — Oui, une robe de quatre cents francs ! Elle a tout ce qui se fait de plus beau en velours... — Quatre cents francs ! s'écrie Adolphe en prenant la pose de l'apôtre Thomas. — Mais il y a deux lés de rechange et un corsage... — Il fait bien les choses, M. Deschars ! reprend Adolphe en se réfugiant dans la plaisanterie. — Tous les hommes n'ont pas de ces attentions-là, dit Caroline sèchement. — Quelles attentions ?... — Mais, Adolphe... penser aux lés de rechange et à un corsage pour faire encore servir la robe quand elle ne sera plus de mise, décolletée... »

Adolphe se dit en lui-même : « Caroline veut une robe. »

Le pauvre homme !...!...!

Quelque temps après, M. Deschars a renouvelé la chambre de sa femme.

Puis M. Deschars a fait remonter à la nouvelle mode les diamants de sa femme.

M. Deschars ne sort jamais sans sa femme, ou ne laisse sa femme aller nulle part sans lui donner le bras.

Si vous apportez quoi que ce soit à Caroline, ce n'est jamais aussi bien que ce qu'a fait M. Deschars.

Si vous vous permettez le moindre geste, la moindre parole un peu trop vifs ; si vous parlez un peu haut, vous entendez cette phrase sibilante et vipérine : « Ce n'est pas M. Deschars

qui se conduirait ainsi! Prends donc M. Deschars pour modèle.»

Enfin, M. Deschars apparaît dans votre ménage à tout moment, et à propos de tout.

Ce mot : « Vois donc un peu si M. Deschars se permet
jamais... » est une épée de Damoclès, ou, ce qui est pis, une

épingle, et votre amour-propre est la pelote où votre femme la
fourre continuellement, la retire et la refourre, sous une foule

de prétextes inattendus et variés, en se servant d'ailleurs des
termes d'amitié les plus câlins ou avec des façons assez gen-
tilles.

Adolphe, talonné jusqu'à se voir tatoué de piqûres, finit par
faire ce qui se fait en bonne police, en gouvernement, en stra-
tégie. (*Voyez* l'ouvrage de Vauban sur l'attaque et la défense
des places fortes.) Il avise madame de Fischtaminel, femme
encore jeune, élégante, un peu coquette, et il la pose comme
un moxa sur l'épiderme excessivement chatouilleux de Caroline.

O vous qui vous écriez souvent : « Je ne sais pas ce qu'a
ma femme!... » vous baiserez cette page de philosophie trans-
cendante, car vous allez y trouver *la clef du caractère de toutes
les femmes!...* Mais les connaître aussi bien que je les connais,
ce ne sera pas les connaître beaucoup, elles ne se connaissent
pas elles-mêmes! Enfin, Dieu, vous le savez, s'est trompé sur
le compte de la seule qu'il ait eue à gouverner et qu'il avait
pris le soin de faire.

Caroline veut bien piquer Adolphe à toute heure, mais cette
faculté de lâcher de temps en temps une guêpe au conjoint
(terme judiciaire) est un droit exclusivement réservé à l'épouse.
Adolphe devient un monstre s'il détache sur sa femme une
seule mouche. De Caroline, c'est de charmantes plaisanteries,
un badinage pour égayer la vie à deux, et dicté surtout par les
intentions les plus pures; tandis que, d'Adolphe, c'est une
cruauté de Caraïbe, une méconnaissance du cœur de sa femme,
et un plan arrêté de lui causer du chagrin.

Madame Fischtaminel.

Ceci n'est rien.

« Vous aimez donc bien madame de Fischtaminel? demande Caroline. Qu'a-t-elle donc dans l'esprit ou dans les manières de si séduisant, cette... araignée-là?

— Mais, Caroline...

— Oh ! ne prenez pas la peine de nier ce goût bizarre, dit-elle en arrêtant une négation sur les lèvres d'Adolphe, il y a longtemps que je m'aperçois que vous me préférez cet... échalas (madame de Fischtaminel est maigre). Eh bien, allez... vous aurez bientôt reconnu la différence. »

Comprenez-vous? Vous ne pouvez pas soupçonner Caroline d'avoir le moindre goût pour M. Deschars, tandis que vous aimez madame de Fischtaminel ! Et alors Caroline redevient spirituelle, vous avez deux taons au lieu d'un.

Le lendemain, elle vous demande en prenant un petit air bon enfant : « Où en êtes-vous avec madame de Fischtaminel !... »

Quand vous sortez, elle vous dit : « Va, mon ami, va prendre les eaux ! » Car, dans leur colère contre une rivale, toutes les femmes, même les duchesses, emploient l'invective, et s'avancent jusque dans les tropes de la halle; elles font alors arme de tout.

Vouloir convaincre Caroline d'erreur et lui prouver que madame Fischtaminel ne vous est de rien, vous coûterait trop cher. C'est une sottise qu'un homme d'esprit ne commet pas dans son ménage : il y perd son pouvoir, et il s'y ébrèche.

Oh! Adolphe, tu es arrivé malheureusement à cette saison si ingénieusement nommée *l'Été de la Saint-Martin* du mariage. Hélas! il faut, chose délicieuse! reconquérir ta femme, ta Caroline, la reprendre par la taille, et devenir le meilleur des maris en tâchant de deviner ce qui lui plaît, afin de faire à son plaisir au lieu de faire à ta volonté! Toute la question est là désormais.

II

LES TRAVAUX FORCÉS.

Admettons ceci, qui, selon nous, est une vérité remise à . neuf :

Axiome.

La plupart des hommes ont toujours un peu de l'esprit
qu'exige une situation difficile, quand ils n'ont
pas tout l'esprit de cette situation.

Quant aux maris qui sont au-dessous de leur position, il est
impossible de s'en occuper : il n'y a pas de lutte, ils entrent
dans la classe nombreuse des *Résignés*.

Adolphe se dit donc : « Les femmes sont des enfants, présentez-leur un morceau de sucre, vous leur faites danser très-bien toutes les contredanses que dansent les enfants gourmands; mais il faut toujours avoir une dragée, la leur tenir haute, et... que le goût des dragées ne leur passe point. Les Parisiennes (Caroline est de Paris) sont excessivement vaines, elles sont gourmandes !... On ne gouverne les hommes, on ne se fait des amis, qu'en les prenant tous par leurs vices, en flattant leurs passions : ma femme est à moi ! »

Quelques jours après, pendant lesquels Adolphe a redoublé d'attentions pour sa femme, il lui tient ce langage :

« Tiens, Caroline, amusons-nous. Il faut bien que tu mettes ta nouvelle robe (la pareille à celle de madame Deschars), et... ma foi, nous irons voir quelque bêtise aux Variétés. »

Ces sortes de propositions rendent toujours les femmes légitimes de la plus belle humeur. Et d'aller ! Adolphe a commandé pour deux chez Borel, au Rocher de Cancale, un joli petit dîner fin.

« Puisque nous allons aux Variétés, dînons au cabaret ! s'écrie Adolphe sur les boulevards en ayant l'air de se livrer à une improvisation généreuse. »

Caroline, heureuse de cette apparence de bonne fortune, s'engage alors dans un petit salon où elle trouve la nappe mise et le petit service coquet offert par Borel aux gens assez riches pour payer le local destiné aux grands de la terre qui se font petits pour un moment.

PAR GAVARNI.   gravé par LAVIEILLE.

Les femmes, dans un dîner prié, mangent peu, leur secret harnais les gêne, elles ont le corset de parade, elles sont en présence de femmes dont les yeux et la langue sont également redoutables. Elles aiment, non pas la bonne, mais la jolie chère : sucer des écrevisses, gober des cailles au gratin, tortiller l'aile

d'un coq de bruyère, et commencer par un morceau de poisson bien frais relevé par une de ces sauces qui font la gloire de la cuisine française. *La France règne par le goût en tout :* le dessin, les modes, etc. La sauce est le triomphe du goût en cuisine. Donc, grisettes, bourgeoises et duchesses sont enchantées d'un bon petit dîner arrosé de vins exquis, pris en petite quantité, terminé par des fruits comme il n'en vient qu'à Paris, surtout quand on va digérer ce petit dîner au spec-

tacle, dans une bonne loge, en écoutant des bêtises, celles de la scène, et celles qui se disent à l'oreille pour expliquer celles de la scène. Seulement l'addition du restaurant est de cent francs, a loge en coûte trente, et les voitures, la toilette (gants frais, bouquet, etc.), autant. Cette galanterie monte à un total de cent soixante francs, quelque chose comme quatre mille francs par mois, si l'on va souvent à l'Opéra-Comique, aux Italiens et au grand Opéra. Quatre mille francs par mois valent aujourd'hui deux millions de capital. Mais *votre honneur conjugal* vaut cela.

Caroline dit à ses amies des choses qu'elle croit excessivement flatteuses, mais qui font faire la moue à un mari spirituel.

« Depuis quelque temps, Adolphe est charmant. Je ne sais pas ce que j'ai fait pour mériter tant de gracieusetés, mais il me comble. Il ajoute du prix à tout par ces délicatesses qui nous *impressionnent* tant, nous autres femmes… Après m'avoir

menée lundi au Rocher de Cancale, il m'a soutenu que *Véry*

Monsieur Deschars.

PAR GAVARNI.   gravé par BARA et GÉRARD.

faisait aussi bien la cuisine que *Borel*, et il a recommencé la
partie dont je vous ai parlé, mais en m'offrant au dessert un

coupon de loge à l'Opéra.
L'on donnait Guillaume Tell,
qui, vous le savez, est ma passion.

—Vous êtes bien heureuse,
répond madame Deschars sèchement et avec une évidente
jalousie.

— Mais une femme qui
remplit bien ses devoirs mérite, il me semble, ce bonheur... »

Quand cette phrase atroce se promène sur les lèvres d'une
femme mariée, il est clair qu'elle *fait son devoir*, à la façon des
écoliers, pour la récompense qu'elle attend. Au collége, on veut
gagner des exemptions ; en mariage, on espère un châle, un
bijou. Donc plus d'amour !

« Moi, ma chère (madame Deschars est piquée), moi, je
suis raisonnable. Deschars faisait de ces folies-là... (1), j'y ai
mis bon ordre. Ecoutez donc, ma petite : nous avons deux
enfants, et j'avoue que cent ou deux cents francs sont une con-
sidération pour moi, mère de famille.

(1) Mensonge à triple péché mortel (mensonge, orgueil, envie) que se permettent les
dévotes, car madame Deschars est une dévote atrabilaire, elle ne manque pas office à
Saint-Roch, *depuis qu'elle a quêté avec la reine.* (Note de l'auteur.)

— Eh ! madame, dit madame Fischtaminel, il vaut mieux que nos maris aillent en partie fine avec nous que...

— Deschars?... » dit brusquement madame Deschars en se levant et saluant.

Le sieur Deschars (homme annulé par sa femme) n'entend pas alors la fin de cette phrase par laquelle il apprendrait qu'on peut manger son bien avec des femmes excentriques.

Caroline, flattée dans toutes ses vanités, se rue alors dans toutes les douceurs de l'orgueil et de la gourmandise, deux délicieux péchés capitaux. Adolphe regagne du terrain ; mais, hélas ! (cette réflexion vaut un sermon du Petit Carême) le péché, comme toute volupté, contient son aiguillon. De même qu'un autocrate, le Vice ne tient pas compte de mille délicieuses flatteries devant un seul pli de rose qui l'irrite. Avec lui, l'homme doit aller *crescendo !...* et toujours.

Axiome.

Le Vice, le Courtisan, le Malheur et l'Amour ne connaissent
que le *présent.*

Au bout d'un temps difficile
à déterminer, Caroline se regarde dans la glace, au dessert,
et voit des rubis florissant sur
ses pommettes et sur les ailes
si pures de son nez. Elle est de
mauvaise humeur au spectacle,
et vous ne savez pas pourquoi,
vous, Adolphe, si fièrement posé
dans votre cravate ! vous qui ten-
dez votre torse en homme satis-
fait!

Quelques jours après, la couturière arrive, elle essaye une
robe, elle rassemble ses forces, elle ne parvient pas à l'agra-
fer... On appelle la femme de chambre. Après un tirage de la
force de deux chevaux, un vrai treizième travail d'Hercule, il se
déclare un hiatus de deux pouces. L'inexorable couturière ne
peut cacher à Caroline que sa taille a changé. Caroline, l'aé-
rienne Caroline, menace d'être pareille à madame Deschars. En
termes vulgaires, elle épaissit.

On laisse Caroline atterrée.

« Comment, avoir, comme cette grosse madame Deschars, des cascades de chair à la Rubens ? Et c'est vrai, se dit-elle... Adolphe est un profond scélérat. Je le vois, il veut faire de moi une mère Gigogne ! et m'ôter mes moyens de séduction ! »

Caroline veut bien désormais aller aux Italiens, elle y accepte un tiers de loge, mais elle trouve *très-distingué de peu manger,* et refuse les parties fines de son mari.

« Mon ami, dit-elle, une femme comme il faut ne saurait aller là souvent... On entre une fois par plaisanterie, dans ces boutiques ; mais s'y montrer habituellement?... fi donc ! »

Borel et Véry, ces illustrations du fourneau, perdent chaque jour mille francs de recette à ne pas avoir une entrée spéciale pour les voitures. Si une voiture pouvait se glisser sous une porte cochère, et sortir par une autre en jetant une femme au péristyle d'un escalier élégant, combien de clientes leur amèneraient de bons, gros, riches clients !...

Axiome.

La coquetterie tue la gourmandise.

Caroline en a bientôt assez du théâtre, et le diable seul peut savoir la cause de ce dégoût. Excusez, Adolphe : un mari n'est pas le diable.

Un bon tiers des Parisiennes s'ennuie au spectacle, à part

Madame Deschars.

quelques escapades, comme : aller rire et mordre au fruit d'une indécence, — aller respirer le poivre long d'un gros mélodrame.

— s'extasier à des décorations, etc. Beaucoup d'entre elles ont les oreilles rassasiées de musique, et ne vont aux Italiens que pour les chanteurs, ou, si vous voulez, pour remarquer des différences dans l'exécution. Voici ce qui soutient les théâtres : les femmes y sont au spectacle avant et après la pièce. La vanité seule paye, du prix exorbitant de quarante francs, trois heures d'un plaisir contestable, pris en mauvais air et à grands frais, sans compter les rhumes attrapés en sortant. Mais se montrer, se faire voir, recueillir les regards de cinq cents hommes !... Quelle franche lippée ! dirait Rabelais.

Pour cette précieuse récolte, engrangée par l'amour-propre, il faut être remarquée. Or, une femme et son mari sont peu regardés. Caroline a le chagrin de voir la salle toujours préoccupée des femmes qui ne sont pas avec leurs maris, des femmes excentriques. Or, le faible loyer qu'elle touche de ses efforts, de ses toilettes et de ses poses, ne compensant guère à ses yeux la fatigue, la dépense et l'ennui, bientôt il en est du spectacle comme de la bonne chère : la bonne cuisine la faisait engraisser, le théâtre la fait jaunir.

Ici Adolphe (ou tout homme à la place d'Adolphe) ressemble à ce paysan du Languedoc qui souffrait horriblement d'un *agacin* (en français, cor ; mais le mot de la langue d'Oc n'est-il pas plus joli ?). Ce paysan enfonçait son pied de deux pouces dans les cailloux les plus aigus du chemin, en disant à son agacin : « *Troun de Dieu! de bagasse !* si tu mé fais souffrir, jé té lé rends bien ! »

« En vérité, dit Adolphe, profondément désappointé le jour où il reçoit de sa femme un refus non motivé, je voudrais bien savoir ce qui peut vous plaire... »

Caroline regarde son mari du haut de sa grandeur, et lui dit après un temps digne d'une actrice : « Je ne suis ni une oie de Strasbourg, ni une girafe.

— On peut en effet mieux employer quatre mille francs par mois, répond Adolphe.

— Que veux-tu dire?

— Avec le quart de cette somme, offert à d'estimables forçats, à de jeunes libérés, à d'honnêtes criminels, on devient un personnage, un petit Manteau-Bleu! reprit Adolphe, et une jeune femme est alors fière de son mari. »

Cette phrase est le cercueil de l'amour! aussi Caroline la prend-elle en très-mauvaise part. Il s'ensuit une explication. Ceci rentre dans les mille facéties du chapitre suivant, dont le titre doit faire sourire les amants aussi bien que les époux. S'il y a des rayons jaunes, pourquoi n'y aurait-il pas de joies de cette couleur excessivement conjugale ?

III

DES RISETTES JAUNES.

Arrivé dans ces eaux, vous jouissez alors de ces petites scènes qui, dans le grand opéra du mariage, représentent les intermèdes, et dont voici le type.

Vous êtes un soir seuls, après dîner, et vous vous êtes déjà tant de fois trouvés seuls que vous éprouvez le besoin de vous dire de petits mots piquants, comme ceci, donné pour exemple :

« Prends garde à toi, Caroline, dit Adolphe, qui a sur le

cœur tant d'efforts inutiles, il me semble que ton nez a l'impertinence de rougir à domicile tout aussi bien qu'au restaurant.

— Tu n'es pas dans tes jours d'amabilité!... »

RÈGLES GÉNÉRALES : Aucun homme n'a pu découvrir le moyen
de donner un conseil d'ami à aucune femme, pas même à la
sienne.

« Que veux-tu, ma chère, peut-être es-tu trop serrée dans
ton corset, et l'on se donne ainsi de maladies... »

Aussitôt qu'un homme à dit cette phrase n'importe à quelle
femme, cette femme (elle sait que les buscs sont souples) saisit
son busc par le bout qui regarde en contre-bas, et le soulève,
en disant comme Caroline :

« Vois, jamais je ne me serre.

— Ce sera donc l'estomac...

— Qu'est-ce que l'estomac a de commun avec le nez?

— L'estomac est un centre qui communique avec tous nos
organes.

— Le nez est donc un organe?

— Oui.

— Ton organe te sert bien mal en ce moment... (Elle lève
les yeux et hausse les épaules.) Voyons, que t'ai-je fait,
Adolphe?

— Mais rien, je plaisante, et j'ai le malheur de ne pas te
plaire, répond Adolphe en souriant.

— Mon malheur, à moi, c'est d'être ta femme. Oh! que ne
suis-je celle d'un autre!

— Nous sommes d'accord !

— Si, me nommant autrement, j'avais la naïveté de dire, comme les coquettes qui veulent savoir où elles en sont avec un homme : « Mon nez est d'un rouge inquiétant ! » en me regardant à la glace avec des minauderies de singe, tu me répondrais : « Oh ! madame, vous vous calomniez ! D'abord cela ne se voit pas ; puis c'est en harmonie avec la couleur de votre teint... Nous sommes d'ailleurs tous ainsi après dîner ! » Et tu partirais de là pour me faire des compliments... Est-ce que je te dis, moi ! que tu engraisses, que tu prends des couleurs de maçon, et que j'aime les hommes pâles et maigres... »

On dit à Londres : *Ne touchez pas à la hache !* En France, il faut dire : Ne touchez pas au nez de la femme...

« Et tout cela pour un peu trop de cinabre naturel ! s'écrie Adolphe. Prends-t'en au bon Dieu, qui se mêle d'étendre de la couleur plus dans un endroit que dans un autre, non à moi..... qui t'aime..... qui te veux parfaite et qui te crie : gare !

— Tu m'aimes trop alors, car depuis quelque temps tu l'étudies à me dire des choses désagréables, tu cherches à me dénigrer sous prétexte de me perfectionner... J'ai été trouvée parfaite, il y a cinq ans...

— Moi, je te trouve mieux que parfaite, tu es charmante !...

— Avec trop de cinabre ? »

Adolphe, qui voit sur la figure de sa femme un air hyperboréen, s'approche, se met sur une chaise à côté d'elle. Caroline, ne pouvant pas décemment s'en aller, donne un coup de côté sur sa robe comme pour opérer une séparation. Ce mouvement-là, certaines femmes l'accomplissent avec une impertinence provoquante ; mais il y a deux significations : c'est en terme de whist, ou *une invite au roi*, ou *une renonce*. En ce moment, Caroline renonce.

« Qu'as-tu ? dit Adolphe.

— Voulez-vous un verre d'eau et de sucre ? demande Caroline en s'occupant de votre hygiène et prenant (en charge) son rôle de servante.

— Pourquoi ?

— Mais vous n'avez pas la digestion aimable, vous devez souffrir beaucoup. Peut-être faut-il mettre une goutte d'eaude-vie dans le verre d'eau sucrée ! Le docteur a parlé de cela comme un remède excellent...

— Comme tu t'occupes de mon estomac !

— C'est un centre, il communique à tous les organes, il agira sur le cœur et de là peut-être sur la langue. »

Adolphe se lève et se promène sans rien dire, mais il pense à tout l'esprit que sa femme acquiert, il la voit grandissant chaque jour en force, en acrimonie ; elle devient d'une intelligence dans le taquinage et d'une puissance militaire dans la dispute qui lui rappellent Charles XII et les Russes.

Caroline en ce moment se livre à une mimique inquiétante, elle a l'air de se trouver mal.

« Souffrez-vous ? dit Adolphe, pris par où les femmes nous prennent toujours, par la générosité.

— Ça fait mal au cœur après le dîner, de voir un homme allant et venant comme un balancier de pendule. Mais vous voilà bien, il faut toujours que vous vous agitiez... Êtes-vous drôles !... Les hommes sont plus ou moins fous... »

Adolphe s'assied au coin de la cheminée opposé à celui que sa femme occupe, et il y reste pensif : le mariage lui apparaît avec ses steppes meublés d'orties.

« Eh bien, tu boudes ? dit Caroline après un demi-quart d'heure donné à l'observation de la figure maritale.

— Non, j'étudie, répond Adolphe.

— Oh ! quel caractère infernal tu as !... dit-elle en haussant les épaules. Est-ce à cause de ce que je t'ai dit sur ton ventre, sur ta taille et sur ta digestion?... Tu ne vois donc pas que je voulais te rendre la monnaie de ton cinabre? Tu prouves que les hommes sont aussi coquets que les femmes... (Adolphe reste froid.) Sais-tu que cela me semble très-gentil à vous de prendre nos qualités... (Profond silence.) On plaisante, et tu te fâches... (Elle regarde Adolphe.) Car tu es fâché... Je ne suis pas comme toi, moi : je ne peux pas supporter l'idée de t'avoir fait un peu de peine! Et c'est pourtant une idée qu'un homme n'aurait jamais eue, que d'attribuer ton impertinence à quelque embarras dans ta digestion. Ce n'est plus *mon Dodofe!* c'est son ventre qui s'est trouvé assez grand pour parler. . Je ne te savais pas ventriloque, voilà tout... »

Caroline regarde Adolphe en souriant, Adolphe se tient comme gommé.

« Non, il ne rira pas... Et vous appelez cela, dans votre jargon, avoir du caractère... Oh! comme nous sommes bien meilleures! »

Elle vient s'asseoir sur les genoux d'Adolphe, qui ne peut s'empêcher de sourire. Ce sourire, extrait à l'aide de la machine à vapeur, elle le guettait pour s'en faire une arme.

« Allons, mon bonhomme, avoue tes torts! dit-elle alors. Pourquoi bouder! Je t'aime, moi, comme tu es! Je te vois tout aussi mince que quand je t'ai épousé... plus mince même.

— Caroline, quand on en arrive à se tromper sur ces petites choses-là... quand on se fait des concessions et qu'on ne reste pas fâché, tout rouge... Sais-tu ce qui en est?....

— Eh bien, dit Caroline, inquiète de la pose dramatique que prend Adolphe.

— On s'aime moins.

— Oh ! gros monstre, je te comprends : tu restes fâché pour me faire croire que tu m'aimes. »

Hélas ! avouons-le : Adolphe dit la vérité de la seule manière de la dire, en riant.

« Pourquoi m'as-tu fait de la peine ? dit-elle. Ai-je un tort ? ne vaut-il pas mieux me l'expliquer gentiment plutôt que de me le dire grossièrement (elle enfle sa voix) : Votre nez rougit ! Non, ce n'est pas bien ! Pour te plaire, je vais employer une expression de ta belle Fischtaminel : *Ce n'est pas d'un gentleman !* »

Adolphe se met à rire et paye les frais du raccommodement ; mais, au lieu d'y découvrir ce qui peut plaire à Caroline et le moyen de se l'attacher, il reconnaît par où Caroline l'attache à elle.

IV

NOSOGRAPHIE DE LA VILLA.

Est-ce un agrément de ne pas savoir ce qui plaît à sa femme, quand on est marié?... Certaines femmes (cela se rencontre encore en province) sont assez naïves pour dire assez promptement ce qu'elles veulent ou ce qui leur plaît. Mais, à Paris, presque toutes les femmes éprouvent une certaine jouissance à voir un homme aux écoutes de leur cœur, de leurs caprices, de leurs désirs, trois expressions d'une même chose ! et tournant, virant, allant, se démenant, se désespérant, comme un chien qui cherche un maître.

Elles nomment cela *être aimées*, les malheureuses !... Et bon nombre se disent en elles-mêmes, comme Caroline, « Comment s'en tirera-t-il ? »

Adolphe en est là. Dans ces circonstances, le digne et excellent Deschars, ce modèle du mari bourgeois, invite le ménage Adolphe et Caroline à inaugurer une charmante maison de campagne. C'est une occasion que les Deschars ont saisie par son feuillage, une folie d'hommes de lettres, une délicieuse villa où l'artiste a enfoui cent mille francs, et vendue à la criée onze mille francs. Caroline a quelque jolie toilette à essayer, un chapeau à plume en saule pleureur. C'est ravissant à montrer en tilbury. On laisse le petit Charles à sa grand'mère. On

Un voisin de campagne.

donne congé aux domestiques. On part avec le sourire d'un ciel bleu, lacté de nuages, uniquement pour en rehausser l'effet. On respire le bon air, on le fend par le trot du gros cheval normand, sur qui le printemps agit. Enfin l'on arrive à Marnes, au-dessus de Ville-d'Avray, où les Deschars se pavanent dans une villa copiée sur une villa de Florence, et entourée de prairies suisses, sans tous les inconvénients des Alpes.

« Mon Dieu ! quel délice qu'une semblable maison de campagne ! s'écrie Caroline en se promenant dans les bois admirables qui bordent Marnes et Ville-d'Avray. On est heureux par les yeux comme si l'on y avait un cœur !...

Caroline, ne pouvant prendre qu'Adolphe, prend alors Adolphe, qui redevient son Adolphe. Et de courir comme une biche, et de redevenir la jolie, naïve, petite, adorable pensionnaire qu'elle était !... Ses nattes tombent ! elle ôte son chapeau, le tient par les brides. La voilà *rejeune*, blanche et rose. Ses yeux sourient, sa bouche est une grenade douée de sensibilité, d'une sensibilité qui paraît neuve.

« Ça te plairait donc bien, ma chérie, une campagne !... dit Adolphe en tenant Caroline par la taille et la sentant qui s'appuie comme pour en montrer la flexibilité.

— Oh ! tu serais assez gentil pour m'en acheter une ?... Mais ! pas de folies... Saisis une occasion comme celle des Deschars.

— Te plaire, savoir bien ce qui peut te faire plaisir, voilà l'étude de ton Adolphe. »

Ils sont seuls, ils peuvent se dire leurs petits mots d'amitié, défiler le chapelet de leurs mignardises secrètes.

« On veut donc plaire à sa petite fille?... dit Caroline en mettant sa tête sur l'épaule d'Adolphe, qui la baise au front en pensant : — Dieu merci, je la tiens! .. »

Axiome.

Quand un mari et une femme se tiennent, le diable seul sait celui qui tient l'autre.

Le jeune ménage est charmant, et la grosse madame Deschars se permet une remarque assez décolletée pour elle, si sévère, si prude, si dévote.

« La campagne a la propriété de rendre les maris très-aimables. »

M. Deschars indique une occasion à saisir. On veut vendre une maison à Ville-d'Avray, toujours pour rien. Or, la maison

de campagne est une maladie particulière à l'habitant de Paris.
Cette maladie a sa durée et sa guérison. Adolphe est un mari,
ce n'est pas un médecin. Il achète la campagne, et il s'y installe
avec Caroline, redevenue sa Caroline, sa Carola, sa biche
blanche, son gros trésor, sa petite fille, etc.

Voici quels symptômes alarmants se déclarent avec une
effrayante rapidité.

On paye une tasse de lait vingt-cinq centimes quand il est
baptisé, cinquante centimes quand il est *anhydre*, disent les
chimistes.

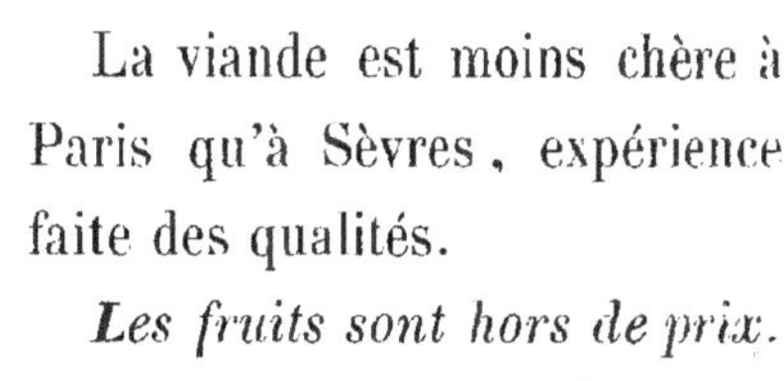

La viande est moins chère à
Paris qu'à Sèvres, expérience
faite des qualités.

Les fruits sont hors de prix.
Une belle poire coûte plus prise
à la campagne que dans le jardin (anhydre!) qui fleurit à l'é-
talage de Chevet.

Avant de pouvoir récolter
des fruits chez soi, où il n'y a
qu'une prairie suisse de deux
centiares, environnée de quelques arbres verts qui ont l'air
d'être empruntés à une décoration de vaudeville, les autorités
les plus rurales, consultées, déclarent qu'il faudra dépenser
beaucoup d'argent, et — attendre cinq années !...

Les légumes s'élancent de chez les maraîchers pour rebondir à la halle. Madame Deschars, qui jouit d'un jardinier-concierge, avoue que les légumes venus dans son terrain, sous ses bâches, à force de terreau, lui coûtent deux fois plus cher que ceux achetés à Paris chez une fruitière qui a boutique, qui paye patente, et dont l'époux est électeur.

Malgré les efforts et les promesses du jardinier-concierge, les primeurs ont toujours à Paris une avance d'un mois sur celles de la campagne.

De huit heures du soir à onze heures, les époux ne savent que faire, vu l'insipidité des voisins, leur petitesse et les questions d'amour-propre, soulevées à propos de rien.

M. Deschars remarque, avec la profonde science de calcul qui distingue un ancien notaire, que le prix de ses voyages à Paris, cumulé avec les intérêts du prix de la campagne, avec les impositions, les réparations, les gages du concierge et de sa femme, etc., équivaut à un loyer de mille écus ! Il ne sait pas comment lui, ancien notaire, s'est laissé prendre à cela!... Car il a, maintes fois, fait des baux de châteaux avec parcs et dépendances pour mille écus de loyer.

On convient à la ronde, dans les salons de madame Deschars, qu'une maison de campagne, loin d'être un plaisir, est une plaie vive...

« Je ne sais pas comment on ne vend que cinq centimes à la halle un chou qui doit être arrosé tous les jours, depuis sa naissance jusqu'au jour où on le coupe, dit Caroline.

— Mais, répond un petit épicier retiré, le moyen de se tirer de la campagne, c'est d'y rester, d'y demeurer, de se faire campagnard, et alors tout change... »

Caroline, en revenant, dit à son pauvre Adolphe :

« Quelle idée as-tu donc eue là, d'avoir une maison de campagne?... Ce qu'il y a de mieux en fait de campagne, est d'y aller chez les autres... »

Adolphe se rappelle un proverbe anglais qui dit : « N'ayez jamais de journal, de maîtresse, ni de campagne ; il y a toujours des imbéciles qui se chargent d'en avoir pour vous... »

« Bah ! répond Adolphe, que le Taon conjugal a définitivement éclairé sur la logique des femmes, tu as raison ; mais aussi, que veux-tu?... l'enfant s'y porte à ravir. »

Quoique Adolphe soit devenu prudent, cette réponse éveille les susceptibilités de Caroline. Une mère veut bien penser exclusivement à son enfant, mais elle ne veut pas se le voir préférer. Madame se tait, le lendemain elle s'ennuie à la mort. Adolphe étant parti pour ses affaires, elle l'attend depuis cinq heures jusqu'à sept, et va seule avec le petit Charles jusqu'à la voiture. Elle parle pendant trois quarts d'heure de ses inquiétudes. Elle a eu peur en allant de chez elle au bureau des voitures. Est-il convenable qu'une jeune femme soit là, *seule !* Elle ne supportera pas cette existence-là.

La villa crée alors une phase assez singulière, et qui mérite
un chapitre à part.

V

LA MISÈRE DANS LA MISÈRE.

Axiome.

La misère fait des parenthèses.

Exemple : On a diversement parlé, toujours en mal, du
point de côté ; mais ce mal n'est rien comparé au point dont
il s'agit ici, et que les plaisirs du regain conjugal font dresser
à tout propos comme le marteau de la touche d'un piano. Ceci
constitue une misère picotante qui ne fleurit qu'au moment où
la timidité de la jeune épouse a fait place à cette fatale égalité
de droit, qui dévore également le ménage et la France. A chaque
saison ses misères!...

Caroline, après une semaine où elle a noté les absences de
Monsieur, s'aperçoit qu'il passe sept heures par jour loin d'elle.
Un jour, Adolphe, qui revient gai comme un acteur applaudi,
trouve sur le visage de Caroline une légère couche de gelée
blanche. Après avoir vu que la froideur de sa mine est remarquée, Caroline prend un faux air amical dont l'expression
bien connue a le don de faire intérieurement pester un homme,

et dit : « Tu as donc eu beaucoup d'affaires, aujourd'hui, mon ami?

— Oui, beaucoup !

— Tu as pris des cabriolets ?

— J'en ai eu pour sept francs...

— As-tu trouvé tout ton monde?..

— Oui, ceux à qui j'avais donné rendez-vous...

— Quand leur as-tu donc écrit? L'encre est desséchée dans ton encrier, c'est comme de la laque ; j'ai eu à écrire, et j'ai passé une grande heure à l'humecter avant d'en faire une bourbe compacte avec laquelle on aurait pu marquer des paquets destinés aux Indes. »

Ici tout mari jette sur sa moitié des regards sournois.

« Je leur ai vraisemblablement écrit à Paris...

— Quelles affaires donc, Adolphe?...

— Ne les connais-tu pas?... Veux-tu que je te les dise?... Il y a d'abord l'affaire Chaumontel...

— Je croyais M. Chaumontel en Suisse...

— Mais n'a-t-il pas ses représentants, son avoué...

— Tu n'as fait que des affaires?... » dit Caroline, en interrompant Adolphe.

Elle jette alors un regard clair, direct, par lequel elle plonge à l'improviste dans les yeux de son mari : une épée dans un cœur.

« Que veux-tu que j'aie fait?... De la fausse monnaie, des dettes, de la tapisserie?...

— Mais je ne sais pas! Je ne peux rien deviner d'abord! Tu me l'as dit cent fois : je suis trop bête.

— Bon ! voilà que tu prends en mauvaise part un mot caressant. Va, ceci est bien femme.

— As-tu conclu quelque chose? dit-elle en prenant un air d'intérêt pour les affaires.

— Non, rien.

— Combien de personnes as-tu vues?

— Onze, sans compter celles qui se promenaient sur les boulevards.

— Comme tu me réponds !

— Mais aussi tu m'interroges comme si tu avais fait pendant
dix ans le métier de juge d'instruction...

— Eh bien, raconte-moi toute ta journée, ça m'amusera.
Tu devrais bien penser ici à mes plaisirs ! Je m'ennuie assez
quand tu me laisses là, seule, pendant des journées entières.

— Tu veux que je t'amuse en te racontant des affaires?...

— Autrefois tu me disais tout... »

Ce petit reproche amical déguise une espèce de certitude que
veut avoir Caroline touchant les choses graves dissimulées par
Adolphe. Adolphe entreprend alors de raconter sa journée.
Caroline affecte une espèce de distraction assez bien jouée pour
faire croire qu'elle n'écoute pas.

« Mais tu me disais tout à l'heure, s'écrie-t-elle au moment
où notre Adolphe s'entortille, que tu as pris pour sept francs
de cabriolets, et tu parles maintenant d'un fiacre; il était sans
doute à l'heure? Tu as donc fait tes affaires en fiacre? dit-elle
d'un petit ton goguenard.

— Pourquoi les fiacres me seraient-ils interdits? demande
Adolphe en reprenant son récit.

— Tu n'es pas allé chez madame de Fischtaminel? dit-elle
au milieu d'une explication excessivement embrouillée où elle
vous coupe insolemment la parole.

— Pourquoi y serais-je allé? ..

— Ça m'aurait fait plaisir, j'aurais voulu savoir si son salon est fini...

— Il l'est.

— Ah! tu y es donc allé?...

— Non, son tapissier me l'a dit.

— Tu connais son tapissier?. .

— Oui.

— Qui est-ce?

— Braschon.

— Tu l'as donc rencontré, le tapissier?...

— Oui.

— Mais tu m'as dit n'être allé qu'en voiture...

— Mais, mon enfant, pour prendre des voitures, on va les chere...

— Bah! tu l'auras trouvé dans le fiacre.

— Qui?

— Mais, le salon — ou — Braschon! Va, l'un comme l'autre est aussi probable.

— Mais tu ne veux donc pas m'écouter? s'écrie Adolphe en pensant qu'avec une longue narration il endormira les soupçons de Caroline.

— Je t'ai trop écouté. Tiens : tu me mens depuis une heure.

— Je ne te dirai plus rien.

— J'en sais assez, je sais tout ce que je voulais savoir. Oui, tu me dis que tu as vu des avoués, des notaires, des banquiers; tu n'as vu personne de ces gens-là! Si j'allais faire une visite demain à madame de Fischtaminel, sais-tu ce qu'elle me dirait? »

Ici Caroline observe Adolphe, mais Adolphe affecte un calme trompeur au beau milieu duquel Caroline jette la ligne afin de pêcher un indice.

« Eh bien, elle me dirait qu'elle a eu le plaisir de te voir... Mon Dieu! sommes-nous malheureuses!... Nous ne pouvons jamais savoir ce que vous faites... Nous sommes clouées là, dans nos ménages, pendant que vous êtes à vos affaires! belles affaires!... Dans ce cas-là, je te raconterais, moi, des affaires un peu mieux machinées que les tiennes!... Ah! vous nous apprenez de belles choses! On dit que les femmes sont perverses... Mais qui les a perverties?... »

Ici Adolphe essaye, en arrêtant un regard fixe sur Caroline, d'arrêter ce flux de paroles. Caroline, comme un cheval qui reçoit un coup de fouet, reprend de plus belle et avec l'animation d'une *coda* rossinienne :

« Ah! c'est une jolie combinaison! mettre sa femme à la campagne pour être libre de passer la journée à Paris comme on l'entend. Voilà donc la raison de votre passion pour une maison de campagne! Et moi, pauvre bécasse, qui donne dans le panneau!... Mais vous avez raison, Monsieur : c'est très-commode une campagne! elle peut avoir deux fins. Madame s'en arrangera tout aussi bien que Monsieur. A vous Paris et ses fiacres!.. à moi les bois et leurs ombrages!... Tiens, décidément. Adolphe, cela me va, ne nous fâchons plus... »

Adolphe s'entend dire des sarcasmes pendant une heure.

« As-tu fini, ma chère ! » demande-t-il en saisissant un moment où elle hoche la tête sur une interrogation à effet.

Caroline termine alors en s'écriant :

« J'en ai bien assez de la campagne, et je n'y remets plus les pieds !… Mais je sais ce qui m'arrivera : vous la garderez sans doute, et vous me laisserez à Paris. Eh bien, à Paris, je pourrai du moins m'amuser pendant que vous mènerez madame de Fischtaminel dans les bois. Qu'est-ce qu'une *villa*

Adolphini où l'on a mal au cœur quand on s'est promené six fois autour de la prairie ?… où l'on vous a planté des bâtons de chaise et des manches à balai, sous prétexte de vous procurer de l'ombrage?... On y est comme dans un four, les murs ont six pouces d'épaisseur ! Et Monsieur est absent sept heures sur les douze de la journée ! Voilà le fin mot de la villa.

— Écoute, Caroline...

— Encore, dit-elle, si tu voulais m'avouer ce que tu as fait aujourd'hui !... Tiens, tu ne me connais pas, je serai bonne enfant, dis-le-moi... Je te pardonne à l'avance tout ce que tu auras fait. »

Adolphe *a eu des relations* avant son mariage, il connaît trop bien le résultat d'un aveu pour en faire à sa femme, et alors il répond : « Je vais tout te dire...

— Eh bien, tu seras gentil !... je t'en aimerai mieux !

— Je suis resté trois heures...

— J'en étais sûre... chez madame de Fischtaminel ?...

— Non, chez notre notaire, qui m'avait trouvé un acquéreur, mais nous n'avons jamais pu nous entendre, il voulait notre maison de campagne toute meublée, et en sortant je suis allé chez Braschon pour savoir ce que nous lui devions...

— Tu viens d'arranger ce roman-là pendant que je te parlais !... Voyons, regarde-moi !... J'irai voir Braschon demain. »

Adolphe ne peut retenir une contraction nerveuse.

« Tu ne peux pas t'empêcher de rire, vois-tu, vieux monstre !

— Je ris de ton entêtement.

— J'irai demain chez madame de Fischtaminel.

— Hé ! va où tu voudras !...

— Quelle brutalité ! » dit Caroline en se levant et s'en allant son mouchoir sur les yeux.

La maison de campagne, si ardemment désirée par Caroline, est devenue une invention diabolique d'Adolphe, un piége où s'est prise la biche.

Depuis qu'Adolphe a reconnu qu'il est impossible de raisonner avec Caroline, il lui laisse dire tout ce qu'elle veut.

Deux mois après, il vend sept mille francs une villa qui lui coûte vingt-deux mille francs ! Mais il y gagne de savoir que la campagne n'est pas encore ce qui plaît à Caroline.

La question devient grave : orgueil, gourmandise, deux péchés de moine y ont passé ! La nature avec ses bois, ses forêts, ses vallées, la Suisse des environs de Paris, les rivières factices, ont à peine amusé Caroline pendant six mois. Adolphe est tenté d'abdiquer, et de prendre le rôle de Caroline.

VI

LE DIX-HUIT BRUMAIRE DES MÉNAGES.

Un matin, Adolphe est définitivement saisi par la triomphante idée de laisser Caroline maîtresse de trouver elle-même ce qui lui plait. Il lui remet le gouvernement de la maison en lui disant : « Fais ce que tu voudras. » Il substitue le système constitutionnel au système autocratique, un ministère respon-

sable au lieu d'un pouvoir conjugal absolu. Cette preuve de con-
fiance, objet d'une secrète envie, est le bâton de maréchal des
femmes. Les femmes sont alors, selon l'expression vulgaire,
maîtresses à la maison.

Dès lors, rien, pas même les souvenirs de la lune de miel,
ne peut se comparer au bonheur d'Adolphe pendant quelques
jours. Une femme est alors tout sucre, elle est trop sucre ! Elle
inventerait les petits soins, les petits mots, les petites attentions, les chatteries et la tendresse, si toute cette confiturerie
conjugale n'existait pas depuis le paradis terrestre. Au bout
d'un mois, l'état d'Adolphe a quelque similitude avec celui des
enfants vers la fin de la première semaine de l'année. Aussi

Caroline commence-t-elle à dire, non pas en paroles, mais en action, en mines, en expressions mimiques : « On ne sait que faire pour plaire à un homme !... »

Laisser à sa femme le gouvernail de la barque est une idée excessivement ordinaire qui mériterait peu l'expression de triomphante, décernée en tête de ce chapitre, si elle n'était pas doublée de l'idée de destituer Caroline. Adolphe a été séduit par cette pensée qui s'empare et s'emparera de tous les gens en proie à un malheur quelconque : savoir jusqu'où peut aller le mal ! expérimenter ce que le feu fait de dégât quand on le laisse à lui-même en se sentant ou en se croyant le pouvoir de l'arrêter. Cette curiosité nous suit de l'enfance à la tombe. Or, après sa pléthore de félicité conjugale, Adolphe. qui se donne la comédie chez lui, passe par les phases suivantes.

Première époque. Tout va trop bien. Caroline achète de jolis petits registres pour écrire ses dépenses, elle achète un joli petit meuble pour serrer l'argent, elle fait vivre admirablement bien Adolphe, elle est heureuse de son approbation, elle découvre une foule de choses qui manquent dans la maison, elle met sa gloire à être une maîtresse de maison incomparable. Adolphe, qui s'érige lui-même en censeur, ne trouve pas la plus petite observation à formuler.

S'il s'habille, il ne lui manque rien. On n'a jamais, même chez Armide, déployé de tendresse plus ingénieuse que celle de Caroline. On renouvelle à ce phénix des maris le caustique de son cuir à repasser ses rasoirs. Des bretelles fraîches sont substituées aux vieilles. Une boutonnière n'est jamais veuve. Son linge est soigné comme celui du confesseur d'une dévote à péchés véniels. Les chaussettes sont sans trous.

A table, tous ses goûts, ses caprices même sont étudiés, consultés : il engraisse !

Il a de l'encre dans son écritoire, et l'éponge en est toujours humide. Il ne peut rien dire, pas même, comme Louis XIV : « J'ai failli attendre ! » Enfin il est à tout propos qualifié d'*un amour d'homme*. Il est obligé de gronder Caroline de ce qu'elle s'oublie ; elle ne pense pas assez à elle. Caroline enregistre ce doux reproche.

Deuxième époque. La scène change à table. Tout est bien

cher. Les légumes sont hors de prix. Le bois se vend comme s'il venait de Campêche. Les fruits, oh ! quant aux fruits, les princes, les banquiers, les grands seigneurs seuls peuvent en manger. Le dessert une cause de ruine. Adolphe entend souvent Caroline disant à madame Deschars : « Mais comment faites-vous?... » On tient alors devant vous des conférences sur la manière de régir les cuisinières.

Une cuisinière, entrée chez vous sans nippes, sans linge, sans talent, est venue demander son compte en robe de mérinos bleu, ornée d'un fichu brodé, les oreilles embellies d'une paire de boucles d'oreilles enrichies de petites perles, chaussée en bons souliers de peau qui laissaient voir des bas de coton assez jolis. Elle a deux malles d'effets, et son livret à la caisse d'épargne.

Caroline se plaint alors du peu de moralité du peuple, elle se plaint de l'instruction et de la science de calcul qui distingue les domestiques. Elle lance de temps en temps de petits axiomes comme ceux-ci : « Il y a des écoles qu'il faut faire ! — Il n'y a que ceux qui ne font rien qui font tout bien. — Elle a les soucis du pouvoir. Ah ! les hommes sont bien heureux de ne pas avoir à mener un ménage. — Les femmes ont le fardeau des détails !

Caroline a des dettes. Mais, comme elle ne veut pas avoir tort, elle commence par établir que l'expérience est une si belle chose, qu'on ne saurait l'acheter trop cher. Adolphe rit dans sa barbe en prévoyant une catastrophe qui lui rendra le pouvoir.

Troisième époque. Caroline, pénétrée de cette vérité qu'il faut manger uniquement pour vivre, fait jouir Adolphe des agréments d'une table cénobitique.

Adolphe a des chaussettes lézardées ou grosses du lichen de raccommodages faits à la hâte, car sa femme n'a pas assez de la journée pour ce qu'elle veut faire. Il porte des bretelles noircies par l'usage. Le linge est vieux et bâille comme un portier ou comme la porte cochère. Au moment où Adolphe est pressé pour conclure une affaire, il met une heure à s'habiller en cherchant ses affaires une à une, en dépliant beaucoup de choses avant d'en trouver une qui soit irréprochable. Mais Caroline est très-bien mise. Madame a de jolis chapeaux, des bottines en velours, des mantilles. Elle a pris son parti,

elle administre en vertu de ce principe : Charité bien ordon-
née commence par elle-même. Quand Adolphe se plaint du
contraste entre son dénûment et la splendeur de Caroline,
Caroline lui dit : « Mais tu m'as grondée de ne rien m'acheter !... »

Un échange de plaisanteries plus ou moins aigres commence
à s'établir alors entre les époux. Caroline, un soir, se fait charmante, afin de glisser l'aveu d'un déficit assez considérable,
absolument comme quand le ministère se livre à l'éloge des
contribuables et se met à vanter la grandeur du pays, en accou-
chant d'un petit projet de loi qui demande des crédits supplé-
mentaires. Il y a cette similitude que tout cela se fait dans la
chambre, en gouvernement comme en ménage. Il en ressort
cette vérité profonde que le système constitutionnel est infiniment plus coûteux que le système monarchique. Pour une
nation comme pour un ménage, c'est le gouvernement du juste
milieu, de la médiocrité, des chipoteries, etc.

Adolphe, éclairé par ses misères passées, attend une occasion d'éclater, et Caroline s'endort dans une trompeuse sécu-
rité.

Comment arrive la querelle ? sait-on jamais quel courant
électrique a décidé l'avalanche ou la révolution ! elle arrive à
propos de tout et à propos de rien. Mais enfin, Adolphe, après
un certain temps qui reste à déterminer par le bilan de chaque
ménage, au milieu d'une discussion, lâche ce mot fatal :
« Quand j'étais garçon !... »

Le temps de garçon est, relativement à la femme, ce qu'est
le : « Mon pauvre défunt ! » relativement au nouveau mari
d'une veuve. Ces deux coups de langue font des blessures qui
ne se cicatrisent jamais complétement.

Et Alors Adolphe de continuer comme le général Bonaparte
parlant aux Cinq-Cents : « Nous sommes sur un volcan ! —
Le ménage n'a plus de gouvernement, — l'heure de prendre
un parti est arrivée. — Tu parles de bonheur, Caroline, tu
l'as compromis, — tu l'as mis en question par tes exigences,
tu as violé le code civil en t'immisçant dans la discussion des
affaires, — tu as attenté au pouvoir conjugal. — Il faut ré-
former notre intérieur.»

Caroline ne crie pas, comme les Cinq-Cents :. *A bas le dicta-
teur !* on ne crie jamais quand on est sûr de l'abattre.

« Quand j'étais garçon je n'avais que des chaussures neuves !
je trouvais des serviettes blanches à mon couvert tous les jours !
Je n'étais volé par le restaurateur que d'une somme détermi-
née ! Je vous ai donné ma liberté chérie !... qu'en avez-vous
fait?...

— Suis-je donc si coupable, Adolphe, d'avoir voulu t'éviter
des soucis ? dit Caroline en se posant devant son mari. Re-
prends la clef de la caisse... mais qu'arrivera-t-il... j'en suis
honteuse, tu me forceras à jouer la comédie pour avoir les
choses les plus nécessaires. Est-ce là ce que tu veux? avilir ta
femme, ou mettre en présence deux intérêts contraires, en-
nemis.. »

Et voilà, pour les trois quarts des Français, le mariage parfaitement défini.

« Sois tranquille, mon ami, reprend Caroline en s'asseyant dans sa chauffeuse comme Marius sur les ruines de Carthage, je ne te demanderai jamais rien, je ne suis pas une mendiante ! Je sais bien ce que je ferai... tu ne me connais pas...

— Eh bien, quoi ?... dit Adolphe ; on ne peut donc, avec vous autres, ni plaisanter, ni s'expliquer ? Que feras-tu ?...

— Cela ne vous regarde pas !...

— Pardon, madame, au contraire. La dignité, l'honneur...

— Oh !... soyez tranquille, à cet égard, monsieur... Pour vous, plus que pour moi, je saurai garder le secret le plus profond.

— Eh bien, dites ! Voyons, Caroline, ma Caroline, que feras-tu ?.. »

Caroline jette un regard de vipère à Adolphe, qui recule, et va se promener.

« Voyons, que comptes-tu faire ? demande-t-il après un silence infiniment trop prolongé.

— Je travaillerai, monsieur ! »

Sur ce mot sublime, Adolphe exécute un mouvement de retraite, en s'apercevant d'une exaspération enfiellée, en sentant un mistral dont l'âpreté n'avait pas encore soufflé dans la chambre conjugale.

VII

L'ART D'ÊTRE VICTIME.

A compter du dix-huit brumaire, Caroline, vaincue, adopte un système infernal et qui a pour effet de vous faire regretter à toute heure la victoire. Elle devient l'opposition !... Encore un triomphe de ce genre, et Adolphe irait en cour d'assises accusé d'avoir étouffé sa femme entre deux matelas, comme l'Othello de Shakspeare. Caroline se compose un air de martyre, elle est d'une soumission assommante. A tout propos elle assassine Adolphe par un : « Comme vous voudrez ! » accompagné d'une épouvantable douceur. Aucun poëte élégiaque ne pourrait lutter avec Caroline, qui lance élégie sur élégie : élégie en actions, élégie en paroles, élégie à sourire, élégie muette, élégie à ressort, élégie en gestes, dont voici quelques exemples où tous les ménages retrouveront leurs impressions.

APRÈS DÉJEUNER : « Caroline, nous allons ce soir chez les Deschars, une grande soirée, tu sais...

— Oui, mon ami. »

APRÈS DÎNER : « Eh bien, Caroline, tu n'es pas encore habillée?... » dit Adolphe, qui sort de chez lui magnifiquement mis.

Il aperçoit Caroline vêtue d'une robe de vieille plaideuse, une moire noire à corsage croisé. Des fleurs plus artificieuses qu'artificielles attristent une chevelure mal arrangée par la femme de chambre. Caroline a des gants déjà portés.

« Je suis prête, mon ami...

— Et voilà ta toilette?...

— Je n'en ai pas d'autre. Une toilette fraîche aurait coûté cent écus.

— Pourquoi ne pas me le dire ?

— Moi, vous tendre la main !... après ce qui s'est passé !...

— J'irai seul, dit Adolphe, ne voulant pas être humilié dans sa femme.

— Je sais bien que cela vous arrange, dit Caroline d'un petit ton aigre, et cela se voit assez à la manière dont vous êtes mis. »

Onze personnes sont dans le salon, toutes priées à dîner par Adolphe. Caroline est là comme si son mari l'avait invitée, elle attend que le dîner soit servi.

« Monsieur, dit le valet de chambre à voix basse à son maître, la cuisinière ne sait où donner de la tête.

— Pourquoi ?

— Monsieur ne lui a rien dit ; elle n'a que deux entrées, le bœuf, un poulet, une salade et des légumes.

— Caroline, vous n'avez donc rien commandé ?...

— Savais-je que vous aviez du monde, et puis-je d'ailleurs prendre sur moi de commander ici ?... Vous m'avez délivrée de tout souci à cet égard, et j'en remercie Dieu tous les jours. »

Madame Fischtaminel vient rendre une visite à madame Caroline, elle la trouve toussotant et travaillant le dos courbé sur un métier à tapisserie.

« Vous brodez ces pantoufles-là pour votre cher Adolphe? »

Adolphe est posé devant la cheminée en homme qui fait la roue..

« Non, madame, c'est pour un marchand qui me les paye ; et, comme les forçats du bagne, mon travail me permet de me donner des petites douceurs. »

Adolphe rougit, il ne peut pas battre sa femme, et madame de Fischtaminel le regarde en ayant l'air de lui dire : « Qu'est-ce que cela signifie?...

— Vous toussez beaucoup, ma chère petite!... dit madame de Fischtaminel.

—Oh ! répond Caroline, que me fait la vie !... »

Caroline est là sur sa causeuse avec une femme de vos amies à la bonne opinion de laquelle vous tenez excessivement. Du fond de l'embrasure où vous causez entre hommes, vous entendez, au seul mouvement des lèvres, ces mots : « *Monsieur l'a voulu!...* » dits d'un air de jeune Romaine allant au cirque. Profondément humilié dans toutes vos vanités, vous voulez être à cette conversation tout en écoutant vos hôtes : vous faites alors des répliques qui vous valent des : « A quoi pensez-

Ferdinand.

vous? » car vous perdez le fil de la conversation, et vous pié-
tinez sur place en pensant : « Que lui dit-elle de moi?... »

Adolphe est à table chez les Deschars, un dîner de douze
personnes, et Caroline est placée à côté d'un joli jeune homme,
appelé Ferdinand, cousin d'Adolphe. Entre le premier et le
second service, on parle du bonheur conjugal.

« Il n'y a rien de plus facile à une femme que d'être heureuse, dit Caroline en répondant à une femme qui se plaint.

— Donnez-nous votre secret, madame, dit agréablement
M. de Fischtaminel.

« Une femme n'a qu'à ne se mêler de rien, se regarder

comme la première domestique de la maison, ou comme une esclave dont le maître a soin, n'avoir aucune volonté, ne pas faire une observation, tout va bien. »

Ceci, lancé sur des tons amers et avec des larmes dans la voix, épouvante Adolphe, qui regarde fixement sa femme.

« Vous oubliez, madame, le bonheur d'expliquer son bonheur, » réplique-t-il en lançant un éclair digne d'un tyran de mélodrame.

Satisfaite de s'être montrée assassinée ou sur le point de l'être, Caroline détourne la tête, essuie furtivement une larme, et dit : « On n'explique pas le bonheur. »

L'incident, comme on dit à la chambre, n'a pas de suites,

La Belle-Mère.

Par GAVARNI.   Gravé par BARA et GÉRARD

mais Ferdinand a regardé sa cousine comme un ange sa-
crifié.

On parle du nombre effrayant des gastrites, des maladies
innomées dont meurent les jeunes femmes.

« Elles sont trop heureuses! » dit Caroline en ayant l'air
de donner le programme de sa mort.

La belle-mère d'Adolphe vient voir sa fille. Caroline dit :
« Le salon de monsieur, — la chambre de monsieur ! » Tout,
chez elle, est à monsieur.

« Ah ça ! qu'y a-t-il donc, mes enfants? demande la belle-
mère ; on dirait que vous êtes tous les deux à couteaux
tirés ?

— Eh ! mon Dieu, dit Adolphe, il y a que Caroline a eu le
gouvernement absolu de la maison et n'a pas su s'en tirer.

— Elle a fait des dettes?...

— Oui, ma chère maman.

— Ecoutez, Adolphe, dit la belle-mère, après avoir attendu
que sa fille l'ait laissée seule avec son gendre ; aimeriez-vous

mieux que ma fille fût admirablement bien mise, que tout allât à merveille chez vous, et qu'il ne vous en coûtât rien?...»

Essayez de vous représenter la physionomie d'Adolphe en entendant cette *déclaration des droits de la femme !*

Caroline passe d'une toilette misérable à une toilette splendide. Elle est chez les Deschars, tout le monde la félicite sur son goût, sur la richesse de ses étoffes, sur ses dentelles, sur ses bijoux.

« Ah ! vous avez un mari charmant !... » dit madame Deschars.

Adolphe se rengorge et regarde Caroline.

« Mon mari, madame!... je ne coûte, Dieu merci, rien à monsieur! Tout cela me vient de ma mère. »

Adolphe se retourne brusquement, et va causer avec madame de Fischtaminel.

Après un an de gouvernement absolu, Caroline adoucie dit un matin :

« Mon ami, combien as-tu dépensé cette année?...

— Je ne sais pas.

— Fais tes comptes. »

Adolphe trouve un tiers de plus que dans la plus mauvaise année de Caroline.

« Et je ne t'ai rien coûté pour ma toilette. » dit-elle.

Caroline joue les mélodies de Schubert. Adolphe éprouve une jouissance en entendant cette musique admirablement exécutée; il se lève et va pour féliciter Caroline; elle fond en larmes.

« Qu'as-tu ?...

— Rien, je suis nerveuse.

— Mais je ne te connaissais pas ce vice-là.

— Oh! Adolphe, tu ne veux rien voir... Tiens, regarde : mes bagues ne me tiennent plus aux doigts, tu ne m'aimes plus, je te suis à charge... »

Elle pleure, elle n'écoute rien, elle repleure à chaque mot d'Adolphe.

« Veux-tu reprendre le gouvernement de la maison?

— Ah! s'écrie-t-elle en se dressant en pied comme *une sur-*

prise, maintenant que tu as assez de tes expériences?...

Merci ! Est-ce de l'argent que je veux ?... Singulière manière de panser un cœur blessé... Non, laissez-moi...

— Eh bien, comme tu voudras, Caroline. »

Ce : « Comme tu voudras ! » est le premier mot de l'indifférence en matière de femme légitime ; et Caroline aperçoit un abîme vers lequel elle a marché d'elle-même.

VIII

LA CAMPAGNE DE FRANCE.

Les malheurs de 1814 affligent toutes les existences. Après les brillantes journées, les conquêtes, les jours où les obstacles se changeaient en triomphes, où le moindre achoppement devenait un bonheur, il arrive un moment où les plus heureuses idées tournent en sottises, où le courage mène à la perte, où la fortification fait trébucher. L'amour conjugal, qui, selon les auteurs, est un cas particulier d'amour, a, plus que toute autre chose humaine, sa campagne de France, son funeste 1814. Le diable aime surtout à mettre sa griffe dans les affaires des pauvres femmes délaissées, et Caroline en est là.

Caroline en est à rêver aux moyens de ramener son mari !

Caroline passe à la maison beaucoup d'heures solitaires, pendant lesquelles son imagination travaille. Elle va, vient, se lève, et souvent elle reste songeuse à sa fenêtre, regardant la rue sans rien y voir, la figure collée aux vitres, et se trouvant comme dans un désert au milieu de ses Petit-Dunkerques, de ses appartements meublés avec luxe.

Or, à Paris, à moins d'habiter un hôtel à soi, sis entre cour et jardin, toutes les existences sont accouplées. A chaque étage d'une maison, un ménage trouve dans la maison située en face un autre ménage. Chacun plonge à volonté ses regards chez le voisin. Il existe une servitude d'observations mutuelles, un droit de visite commun, auxquels nul ne peut se soustraire. Dans un temps donné, le matin, vous vous levez de bonne heure, la servante du voisin fait l'appartement, laisse les fenêtres ouvertes et les tapis sur les appuis, vous devinez alors une infinité de choses, et réciproquement. Aussi, dans un temps donné, connaissez-vous les habitudes de la jolie, de la vieille, de la jeune, de la coquette, de la vertueuse femme d'en face, ou les caprices du fat, les inventions du vieux garçon, la couleur des meubles, le chat du second ou du troisième. Tout est indice et matière à divination. Au quatrième étage, une grisette surprise se voit, toujours trop tard, comme la chaste Suzanne, en proie aux jumelles ravies d'un vieil employé à dix-huit cents francs, qui devient criminel gratis. Par compensation, un beau surnuméraire, jeune de ses fringants dix-neuf ans, apparaît à une dévote dans le simple appareil d'un homme qui se barbifie. L'observation ne s'endort jamais, tandis que la

prudence a ses moments d'oubli. Les rideaux ne sont pas toujours détachés à temps. Une femme, avant la chute du jour, s'approche de la fenêtre pour enfiler une aiguille, et le mari d'en face admire alors une tête digne de Raphaël, qu'il trouve digne de lui, garde national imposant sous les armes. Passez place Saint-Georges, et vous pouvez y surprendre les secrets de trois jolies femmes, si vous avez de l'esprit dans le regard. Oh! la sainte vie privée, où est-elle? Paris est une ville qui se montre quasi nue à toute heure, une ville essentiellement courtisane et sans chasteté. Pour qu'une existence y ait de la pudeur, elle doit posséder cent mille francs de rente. Les vertus y sont plus chères que les vices.

Caroline, dont le regard glisse parfois entre les mousselines protectrices qui cachent son intérieur aux cinq étages de la maison d'en face, finit par observer un jeune ménage plongé dans les joies de la lune de miel, et venu nouvellement au premier devant ses fenêtres. Elle se livre aux observations les plus irritantes. On ferme les persiennes de bonne heure ; on les ouvre tard.

Un jour, Caroline, levée à huit heures, toujours par hasard, voit la femme de chambre apprêtant un bain ou quelque toilette du matin, un délicieux déshabillé. Caroline soupire. Elle se met à l'affût comme un chasseur, elle surprend la jeune femme la figure illuminée par le bonheur. Enfin, à force d'épier ce charmant ménage, elle voit monsieur et madame ouvrant la fenêtre, et légèrement pressés l'un contre l'autre, accoudés au balcon, y respirant l'air du soir. Caroline se donne des maux de nerfs en étudiant sur les rideaux, un soir que l'on oublie de fermer les persiennes, les ombres de ces deux enfants se combattant, dessinant des fantasmagories explicables ou inexplicables. Souvent la jeune femme, assise, mélancolique et rêveuse, attend l'époux absent, elle entend le pas d'un cheval, le bruit d'un cabriolet au bout de la rue, elle s'élance de son divan, et, d'après son mouvement, il est facile de voir qu'elle s'écrie : « C'est lui!...

— Comme ils s'aiment! » se dit Caroline.

Madame Ebullepointe

A force de maux de nerfs, Caroline arrive à concevoir un plan excessivement ingénieux : elle invente de se servir de ce bonheur conjugal comme d'un topique pour stimuler Adolphe. C'est une idée assez dépravée, mais l'intention de Caroline sanctifie tout !

« Adolphe, dit-elle enfin, nous avons pour voisine en face une femme charmante, une petite brune...

— Oui, réplique Adolphe, je la connais. C'est une amie de madame Fischtaminel, madame Foullepointe, la femme d'un agent de change, un homme charmant, un bon enfant, et qui aime sa femme, il en est fou ! Tiens... il a son cabinet, ses bureaux, sa caisse, dans la cour, et l'appartement sur le devant est celui de madame. Je ne connais pas de ménage plus heureux. Foullepointe parle de son bonheur partout, même à la Bourse, il en est ennuyeux.

— Eh bien, fais-moi donc le plaisir de me présenter M. et madame Foullepointe? Ma foi, je serais enchantée de savoir comment elle s'y prend pour se faire si bien aimer de son mari... Y a-t-il longtemps qu'ils sont mariés?

— Absolument comme nous, depuis cinq ans...

— Adolphe, mon ami, j'en meurs d'envie! Oh ! lie-nous toutes les deux. Suis-je aussi bien qu'elle?

— Ma foi!... je vous rencontrerais au bal de l'Opéra, tu ne serais pas ma femme, eh bien, j'hésiterais...

— Tu es gentil aujourd'hui. N'oublie pas de les inviter à dîner pour samedi prochain.

— Ce sera fait ce soir. Foullepointe et moi, nous nous voyons souvent à la Bourse.

— Enfin, se dit Caroline, cette femme me dira sans doute quels sont ses moyens d'action. »

Caroline se remet en observation. A trois heures environ, à travers les fleurs d'une jardinière qui fait comme un bocage à la fenêtre, elle regarde et s'écrie :

« Deux vrais tourtereaux !... »

Pour ce samedi, Caroline invite M. et madame Deschars, le digne M. Fischtaminel, enfin les plus vertueux ménages de sa société. Tout est sous les armes chez Caroline, elle a commandé le plus délicat dîner, elle a sorti ses splendeurs des armoires, elle tient à fêter le modèle des femmes.

« Vous allez voir, ma chère, dit-elle à madame Deschars au moment où toutes les femmes se regardent en silence, vous allez voir le plus adorable ménage du monde, nos voisins d'en face : un jeune homme blond d'une grâce infinie, et des manières... une tête à la lord Byron, et un vrai don Juan, mais fidèle ! il est fou de sa femme. La femme est charmante et a trouvé des secrets pour perpétuer l'amour ; aussi peut-être devrai-je un regain de bonheur à cet exemple ; Adolphe, en les voyant, rougira de sa conduite, il... »

On annonce :

« M. et madame Foullepointe ! »

Madame Foullepointe, jolie brune, la vraie Parisienne, une femme cambrée, mince, au regard brillant, étouffé par de longs

M. Fischtaminel.

PAR GAVARNI.

gravé par LAVIEILLE..

cils, mise délicieusement, s'assied sur le canapé. Caroline salue un gros monsieur à cheveux gris assez rares, qui suit péniblement cette Andalouse de Paris, et qui montre une figure et un ventre siléniques, un crâne beurre frais, un sourire papelard et libertin sur de bonnes grosses lèvres, un philosophe enfin! Caroline regarde ce monsieur d'un air étonné.

« M. Foullepointe, ma bonne, dit Adolphe en lui présentant ce digne quinquagénaire.

— Je suis enchantée, madame, dit Caroline en prenant un air aimable, que vous soyez venue avec votre beau-père (profonde sensation); mais nous aurons, j'espère, votre cher mari...

— Madame... »

Tout le monde écoute et se regarde. Adolphe devient le point de mire de tous les yeux, il est hébété d'étonnement ; il voudrait faire disparaître Caroline par une trappe, comme au théâtre.

« Voici M. Foullepointe, mon mari, » dit madame Foullepointe.

Caroline devient alors d'un rouge écarlate en comprenant l'école qu'elle a faite, et Adolphe la foudroie d'un regard à trente-six becs de gaz.

« Vous le disiez jeune, blond... » dit à voix basse madame Deschars.

Madame Foullepointe, en femme spirituelle, regarde audacieusement la corniche.

Un mois après, madame Foullepointe et Caroline deviennent intimes. Adolphe, très-occupé de madame Fischtaminel, ne fait aucune attention à cette dangereuse amitié qui doit porter ses fruits ; car, sachez-le :

Axiome.

Les femmes ont corrompu plus de femmes que les hommes n'en ont aimé.

IX

LE SOLO DE CORBILLARD.

Après un temps dont la durée dépend de la solidité des principes de Caroline, elle paraît languissante, et quand, en la voyant, étendue sur les divans, comme un serpent au soleil, Adolphe, inquiet par décorum, lui dit :

« Qu'as-tu, ma bonne ? que veux-tu ?

— Je voudrais être morte !

— Un souhait assez agréable et d'une gaieté folle...

— Ce n'est pas la mort qui m'effraye, moi, c'est la souffrance...

— Cela signifie que je ne te rends pas la vie heureuse !... Et voilà bien les femmes ! »

Adolphe arpente le salon en déblatérant, mais il est arrêté net en voyant Caroline étanchant de son mouchoir brodé des larmes qui coulent assez artistement.

Monsieur Foullepointe.

« Te sens-tu malade ?

— Je ne me sens pas bien. (Silence.) Tout ce que je désire, ce serait de savoir si je puis vivre assez pour voir ma petite mariée, car je sais maintenant ce que signifie ce mot si peu compris des jeunes personnes : *le choix d'un époux !* Va, cours à tes plaisirs, une femme qui songe à l'avenir, une femme qui souffre n'est pas amusante, va te divertir...

— Où souffres-tu ?...

— Mon ami, je ne souffre pas, je me porte à merveille, et n'ai besoin de rien ! Vraiment, je me sens mieux.. — Allez, laissez-moi. »

Cette première fois, Adolphe s'en va presque triste.

Huit jours se passent, pendant lesquels Caroline ordonne à

tous ses domestiques de cacher à monsieur l'état déplorable où
elle se trouve ; elle languit, elle sonne quand elle est près de
défaillir, elle consomme beaucoup d'éther. Les gens apprennent
enfin à monsieur l'héroïsme conjugal de madame, et Adolphe
reste un soir après dîner et voit sa femme embrassant à ou-
trance sa petite Marie.

« Pauvre enfant ! il n'y a que toi qui me fais regretter mon
avenir ! O mon Dieu ! qu'est-ce que la vie ?

— Allons, mon enfant, dit Adolphe, pourquoi se chagri-
ner ?...

— Oh ! je ne me chagrine pas !... la mort n'a rien qui m'effraye.. je voyais ce matin un enterrement, et je trouvais le
mort bien heureux ! Comment se fait-il que je ne pense qu'a
mourir ?... Est-ce une maladie ?... Il me semble que je
mourrai de ma main. »

Plus Adolphe tente d'égayer Caroline, plus Caroline s'en-
veloppe dans les crêpes d'un deuil à larmes continues. Cette
seconde fois, Adolphe reste et s'ennuie. Puis, à la troisième
attaque à larmes forcées, il sort sans aucune tristesse. Enfin,
il se blase sur ces plaintes éternelles, sur ces attitudes de mou-
rant, sur ces larmes de crocodile. Et il finit par dire : « Si tu
es malade, Caroline, il faut voir un médecin...

— Comme tu voudras ! cela finira plus promptement ainsi,
cela me va... Mais alors, amène un fameux médecin. »

Au bout d'un mois, Adolphe, fatigué d'entendre l'air funè-
bre que Caroline lui joue sur tous les tons, amène un grand

médecin. A Paris, les médecins sont tous des gens d'esprit, et ils se connaissent admirablement en nosographie conjugale.

« Eh bien, madame, dit le grand médecin, comment une si jolie femme s'avise-t-elle d'être malade?

— Oui, monsieur, de même que le nez du père Aubry, j'aspire à la tombe... »

Caroline, par égard pour Adolphe, essaye de sourire.

« Bon! cependant vous avez les yeux vifs, ils souhaitent peu nos infernales drogues...

— Regardez-y bien, docteur, la fièvre me dévore, une petite fièvre imperceptible, lente... »

Et elle arrête le plus malicieux de ses regards sur l'illustre docteur, qui se dit en lui-même : « Quels yeux !...

— Bien, voyons la langue, » dit-il tout haut.

Caroline montre sa langue de chat entre deux rangées de dents blanches comme celles d'un chien.

« Elle est un peu chargée, au fond, mais vous avez déjeuné... » fait observer le grand médecin qui se tourne vers Adolphe.

— Rien, répond Caroline, deux tasses de thé... »

Adolphe et l'illustre docteur se regardent, car le docteur se demande qui, ou de madame, ou de monsieur, se moque de lui.

« Que sentez-vous? demande gravement le docteur à Caroline.

— Je ne dors pas...

— Bon !

— Je n'ai pas d'appétit...

— Bien !

— J'ai des douleurs, là... »

Le médecin regarde l'endroit indiqué par Caroline.

« Très-bien, nous verrons cela tout à l'heure .. Après ?...

— Il me passe des frissons par moments...

— Bon !

— J'ai des tristesses, je pense toujours à la mort, j'ai des idées de suicide.

— Ah ! vraiment !

— Il me monte des feux à la figure ; tenez, j'ai constamment des tressaillements dans la paupière...

— Très-bien, nous nommons cela un *trismus*. »

Le docteur explique pendant un quart d'heure, en employant les termes les plus scientifiques, la nature du *trismus*, d'où il résulte que le *trismus* est le *trismus*. Mais il fait observer avec la plus grande modestie que si la science sait que le *trismus* est le *trismus*, elle ignore entièrement la cause de ce mouvement nerveux, qui va, vient, passe, reparaît... « Et, dit-il, nous avons reconnu que c'était purement nerveux.

— Est-ce bien dangereux ? demanda Caroline inquiète.

— Nullement.

— Comment vous couchez-vous ?

— En rond.

— Bien ! Sur quel côté ?

— A gauche.

— Bien ! Combien avez-vous de matelas à votre lit ?

— Trois.

— Bien ! Y a-t-il un sommier ?

— Mais, oui...

— Quelle est la substance du sommier ?

— Le crin.

— Bon ! Marchez un peu devant moi... Oh ! mais naturel-lement, et comme si nous ne vous regardions pas... »

Caroline marche à la Elssler, en agitant *sa tournure* de la façon la plus andalouse.

« Vous ne sentez pas un peu de pesanteur dans les ge-noux ?

— Mais... non... (Elle revient à sa place.) Mon Dieu, quand on s'examine, il me semble maintenant que oui...

— Bon ! Vous êtes restée à la maison depuis quelque temps?...

— Oh ! oui, monsieur, beaucoup trop... et seule.

— Bien, c'est cela. Comment vous coiffez-vous pour la nuit ?

— Un bonnet brodé, puis quelquefois, par-dessus, un fou-lard...

— Vous n'y sentez pas des chaleurs... une petite sueur ? ..

— En dormant, cela me semble difficile.

— Vous pourriez trouver votre linge humide à l'endroit du front en vous réveillant ?

— Quelquefois.

— Bon! Donnez-moi votre main. »

Le docteur tire sa montre.

« Vous ai-je dit que j'ai des vertiges? dit Caroline.

— Chut!... fait le docteur, qui compte les pulsations. Est-ce le soir?...

— Non, le matin.

— Ah! diantre, des vertiges le matin, dit-il en regardant Adolphe.

— Eh bien, que dites-vous de l'état de madame? demande Adolphe.

— Le duc de G... n'est pas allé à Londres, dit le grand médecin en étudiant la peau de Caroline, et l'on en cause beaucoup au faubourg Saint-Germain.

— Vous y avez des malades? demande Caroline.

— Presque tous... Eh! mon Dieu, j'en ai sept à voir ce matin, dont quelques-uns sont en danger... »

Le docteur se lève.

— Que pensez-vous de moi, monsieur? dit Caroline.

— Madame, il faut des soins, beaucoup de soins, prendre des adoucissants, de l'eau de guimauve, un régime doux, viandes blanches, faire beaucoup d'exercice.

— En voilà pour vingt francs, » se dit en lui-même Adolphe en souriant.

Le grand médecin prend Adolphe par le bras, et l'emmène en se faisant reconduire. Caroline les suit sur la pointe du pied.

« Mon cher, dit le grand médecin, je viens de traiter fort légèrement madame, il ne fallait pas l'effrayer, ceci vous regarde plus que vous ne pensez... Ne négligez pas trop madame. Madame est d'un tempérament puissant ; mais elle peut arriver à un état morbide dont vous vous repentiriez... Si vous l'aimez, aimez-la... si vous ne l'aimez plus, et que vous teniez à conserver la mère de vos enfants, la décision à prendre est un cas d'hygiène, mais elle ne peut venir que de vous !...

— Comme il m'a compris !... » se dit Caroline. Elle ouvre la porte, et dit : « Docteur, vous ne m'avez pas écrit les doses... »

Le grand médecin sourit, salue et glisse dans sa poche une pièce de vingt francs en laissant Adolphe entre les mains de sa femme, qui le prend et lui dit : « Quelle est la vérité sur mon état ?... Faut-il me résigner à mourir ?...

— Eh ! il m'a dit que tu as trop de santé ! » s'écrie Adolphe impatienté.

Caroline s'en va pleurer sur son divan.

« Qu'as-tu ?...

— J'en ai pour longtemps... Je te gêne, tu ne m'aimes plus... Je ne veux plus consulter ce médecin-là... Je ne sais pas pourquoi madame Foullepointe m'a conseillé de le voir, il ne m'a dit que des sottises !... et je sais mieux que lui ce qu'il me faut...

— Que te faut-il ?...

— Ingrat, tu le demandes?... » dit-elle en posant sa tête sur l'épaule d'Adolphe.

Adolphe, effrayé, se dit : « Il a raison, le docteur. »

Caroline chante alors une mélodie de Schubert avec l'exaltation d'une hypocondriaque.

X

COMMENTAIRE OU L'ON EXPLIQUE LA FELICHITTA DU FINALE
DE TOUS LES OPÉRAS, MÊME CELUI DU MARIAGE.

Qui n'a pas entendu, dans sa vie, un opéra italien quelconque?... Vous avez dû, dès lors, remarquer l'abus musical du mot *felichitta*, prodigué par le poëte et par les chœurs à l'heure où tout le monde s'élance hors de sa loge, ou quitte sa stalle.

Affreuse image de la vie : on sort au moment où l'on entend *la felichitta*.

Avez-vous médité sur la profonde vérité qui règne dans ce *finale*, au moment où le musicien lance sa dernière note et l'auteur son dernier vers, où l'orchestre donne son dernier coup d'archet, sa dernière insufflation, où les chanteurs se disent : « Allons souper! » où les choristes se disent : « Quel bonheur, il ne pleut pas!... » Eh bien! dans tous les états de la vie, on arrive à un moment où la plaisanterie est finie, où le tour est fait, où l'on peut prendre son parti, où chacun chante *la felichitta* de son côté. Après avoir passé par tous les *duos*, les *solo*, les *strettes*, les *coda*, les morceaux d'ensemble, les *duettini*, les *nocturnes*, les phases que ces quelques scènes, prises dans l'océan de la vie conjugale, vous indiquent, et qui sont des thèmes dont les variations auront été devinées par les gens d'esprit tout aussi bien que par les niais (en fait de souffrances, nous sommes tous égaux !), la plupart des ménages parisiens arrivent, dans un temps donné, au chœur final que voici :

L'ÉPOUSE , à une jeune femme qui en est à l'été de la Saint-Martin conjugal.

Ma chère, je suis la femme la plus heureuse de la terre. Adolphe est bien le modèle des maris : bon, pas tracassier, complaisant. N'est-ce pas, Ferdinand ?

(Caroline s'adresse au cousin d'Adolphe, jeune homme à jolie cravate, à cheveux luisants, à bottes vernies, habit de la coupe la plus élégante, chapeau à ressorts, gants de chevreau, gilet bien choisi, tout ce qu'il y a de mieux en moustaches, en favoris, en virgule à la Mazarin, et doué d'une admiration profonde, muette, attentive pour Caroline.)

LE FERDINAND.

Adolphe est si heureux d'avoir une femme comme vous ! Que lui manque-t-il ? Rien.

L'ÉPOUSE.

Dans les commencements, nous étions toujours à nous contrarier ; mais maintenant, nous nous entendons à merveille. Adolphe ne fait plus que ce qui lui plaît, il ne se gêne point, je ne lui demande plus ni où il va ni ce qu'il a vu. L'indulgence, ma chère amie, là est le grand secret du bonheur. Vous en êtes encore aux petits taquinages, aux jalousies à faux, aux brouilles, aux coups d'épingle. A quoi cela sert-il? Notre vie, à nous autres femmes, est bien courte. Qu'avons-nous? Dix belles années : pourquoi les meubler d'ennui? J'étais comme vous ; mais, un beau jour, j'ai connu madame Foullepointe, une femme charmante, qui m'a éclairée et m'a enseigné la manière de rendre un homme heureux... Depuis, Adolphe a changé du tout au tout : il est devenu ravissant. Il est le premier à me dire, avec inquiétude, avec effroi même, quand je vais au spectacle et que sept heures nous trouvent seuls ici : « Ferdinand va venir te prendre, n'est-ce pas?... N'est-ce pas, Ferdinand?

LE FERDINAND.

Nous sommes les meilleurs cousins du monde.

LA JEUNE AFFLIGÉE.

En viendrais-je donc là?...

Une jeune fille.

PAR GAVARNI.   gravé par LAVIEILLE.

LE FERDINAND.

Ah! vous êtes bien jolie, madame, et rien ne vous sera plus facile.

L'ÉPOUSE, irritée.

Eh bien, adieu, ma petite. (La jeune affligée sort.) Ferdinand, vous me payerez ce mot-là.

L'ÉPOUX, sur le boulevard Italien.

Mon cher (il tient monsieur de Fischtaminel par le bouton du paletot), vous en êtes encore à croire que le mariage est basé sur la passion. Les femmes peuvent, à la rigueur, aimer un seul homme, mais nous autres!... Mon Dieu, la société ne peut pas dompter la nature. Tenez, le mieux, en ménage, est d'avoir l'un pour l'autre une indulgence plénière. Je suis le mari le plus heureux du monde. Caroline est une amie dévouée, elle me sacrifierait tout, jusqu'à mon cousin Ferdinand s'il le fallait... oui, vous riez, elle est prête à tout faire pour moi. Vous vous entortillez encore dans les ébouriffantes idées d'ordre social. La vie ne se recommence pas, il faut la bourrer de plaisir. Voici deux ans qu'il ne s'est dit, entre Caroline et moi, le moindre petit mot aigre. J'ai dans Caroline un camarade avec qui je puis tout dire, et qui saurait me consoler dans les grandes circonstances. Il n'y a pas entre nous la moindre tromperie, et nous savons à quoi nous en tenir. Nos rapprochements sont des vengeances, comprenez-vous? Nous avons ainsi changé nos devoirs en plaisirs. Nous sommes souvent plus heureux alors que dans cette fadasse saison appelée la lune de miel. Ma femme me dit quelquefois : « Je suis grognon, laisse-moi, va-t'en. » L'orage tombe sur un autre. Caroline ne prend plus ses airs de victime, et dit du bien de moi à l'univers entier. Enfin ! elle est heureuse de mes plaisirs. Et, comme c'est une très-honnête femme, elle est de la plus grande délicatesse dans l'emploi de notre fortune. Ma maison est bien tenue. Ma femme me laisse la disposition de ma réserve sans aucun contrôle. Et voilà. Nous avons mis de l'huile dans les rouages ; vous, vous y mettez des cailloux, mon cher Fischtaminel, et vous avez tort : le costume d'Othello est très-mal porté, ce n'est plus qu'un Turc de carnaval.

CHŒUR (dans un salon au milieu d'un bal).

Madame Caroline est une femme charmante !

UNE FEMME A TURBAN.

Oui, pleine de convenance, de dignité.

UNE FEMME QUI A SEPT ENFANTS.

Ah ! elle a su prendre son mari.

Une dame à turban.

PAR GAVARNI   gravé par BARA et GÉRARD.

Un Artiste.

Par GAVARNI.

Gravé par LAVIEILLE.

Une femme dont on dit beaucoup de mal.

Un ami de Ferdinand.

Par GAVARNI.
Gravé par LAVIEILLE.

UN AMI DE FERDINAND.

Mais elle aime beaucoup son mari. Adolphe est, d'ailleurs, un homme très-distingué, plein d'expérience.

UNE AMIE DE MADAME DE FISCHTAMINEL.

Il adore sa femme. Chez eux, point de gêne, tout le monde s'y amuse.

MONSIEUR FOULLEPOINTE.

Oui, c'est une maison fort agréable.

UNE FEMME DONT ON DIT BEAUCOUP DE MAL.

Caroline est bonne, obligeante, elle ne dit du mal de personne.

UNE DANSEUSE, qui revient à sa place.

Vous souvenez-vous comme elle était ennuyeuse dans le temps où elle connaissait les Deschars?

MADAME FISCHTAMINEL.

Oh! elle et son mari, deux fagots d'épines... des querelles continuelles. (Madame Fischtaminel s'en va.)

UN ARTISTE.

Mais le sieur Deschars se dissipe, il va dans les coulisses ; il paraît que madame Deschars a fini par lui vendre la vertu trop cher.

UNE BOURGEOISE, effrayée, pour sa fille, de la tournure que prend la
conversation.

Madame de Fischtaminel est charmante ce soir.

UNE FEMME DE QUARANTE ANS SANS EMPLOI.

M. Adolphe a l'air aussi heureux que sa femme.

LA JEUNE PERSONNE.

Quel joli jeune homme que M. Ferdinand ! (Sa mère lui
donne vivement un petit coup de pied.) Que me veux-tu, maman ?

LA MÈRE, elle regarde fixement sa fille.

On ne dit cela, ma chère, que de son prétendu ; M. Ferdinand n'est pas à marier.

UNE DAME TRÈS-DÉCOLLETÉE, à une autre non moins décolletée.

(*Sotto voce.*) Ma chère, tenez, la morale de tout cela, c'est
qu'il n'y a d'heureux que les ménages à quatre.

UN AMI QUE L'AUTEUR A EU L'IMPRUDENCE DE CONSULTER.

Ces derniers mots sont faux.

L'AUTEUR.

Ah ! vous croyez ?...

L'AMI, qui vient de se marier.

Vous employez tous votre encre à nous déprécier la vie so-

Une Bourgeoise.

Par GAVARNI.   Gravé par BARA et GÉRARD.

Une Femme de quarante ans sans emploi.

Par GAVARNI.

Gravé par BARA et GÉRARD.

ciale, sous prétexte de nous éclairer!... Eh! mon cher, il y a
des ménages cent fois, mille fois plus heureux que ces préten-
dus ménages à quatre.

L'AUTEUR.

Eh bien, faut-il tromper les gens à marier, et rayer le
mot?

L'AMI.

Non, il sera pris comme le trait d'un couplet de vaudeville!

L'AUTEUR.

Une manière de faire passer les vérités.

L'AMI, qui tient à son opinion.

Les vérités destinées à passer.

L'AUTEUR, voulant avoir le dernier.

Qu'est-ce qui ne passe pas? Quand ta femme aura vingt ans de plus, nous reprendrons cette conversation; vous ne serez peut-être heureux qu'à trois.

L'AMI.

Vous vous vengez bien durement de ne pas pouvoir écrire l'histoire des ménages heureux.

FIN.

Par GAVARNI.   Gravé par BARA et GÉRARD.

TABLE.

Un ménage heureux.

PLACEMENT DES GRANDS BOIS.

ICONOGRAPHIE DES MEMBRES DE LA SOCIÉTÉ DE MADAME CAROLINE, TITULAIRES ET CORRESPONDANTS.

9 782329 772608